Tu ausencia a trazos

Colección Exit narrativa

© de los textos: Lucía Rodríguez Ubero
© de la presente edición: Exit editorial
© Maquetación de portada e interior: Exit editorial
© Imagen de Portada e ilustraciones: Lucía Rodríguez Ubero
© Fotografía: Aitor Vergara Rufo

BLB CONSULTORES REGISTRALES E HIPOTECARIOS S.L.
B86927563
Calle Chopos, 31, 28221 Majadahonda
Teléfono: 616985408 / 673161172
Email: comunicacion@exitcomunicacion.com
Página Web: www.exitcomunicacion.es

Primera edición Abril 2025
ISBN: 978-84-129387-7-7
Depósito legal: M-8101-2025
Impreso en España

Tu ausencia a trazos

Lucía Rodríguez Ubero

A mi madre, Susana.
A él, mi musa.

Índice

Prólogo

Ausencia es un estado imperfecto y bello que arrecia contra cualquier esperanza posible. Antesala de conductas imposibles, de reacciones infames, de gestos agotados. Ausencia somos, en cuanto hipócritas creyentes en compromisos sonreídos. Ilusos, capaces de llorar una sola palabra o de decir una sola lágrima; eso sí, capaces de revertir lo irreversible aunque sea solo ante nuestros ojos... Y aquí aparece como por encanto nuestra la salvación, la nuestra. Porque la vida es pérdida. Desde que nacemos experimentamos pérdidas y mudamos así los tesoros falaces que nos componen.

Soy de los que huye del paradigma del amor verdadero, porque no es verdad que amar sirva para algo si es solo cosa tuya, no. Claro que si es cosa suya, tampoco. Me averigüé como al misterio, la primera vez que sentí algo por otra persona. Solo entonces supe qué era yo: un arbusto pelado por el viento a la intemperie del mundo perfecto. ¡Pero sentí quién era yo a partir de sus gestos! Aquel TÚ embriagó mi YO y solo entonces comencé a vivir, aunque descubrí que morimos aprendiendo a hacerlo, en un baile ridículo, dulce y solitario.

No intentes descubrir al ausente de este poemario. Él interpreta su gran papel en el mundo de Lucía, como Ulises intenta volver a Ítaca diez años después, ante una Penélope que ya solo sabe esperar. Lucía ha roto el orden de mi mirada, el tránsito visual que me recrea, la atención que yo creía suficiente para entrar en la piel de mis lecturas.

Cuando comencé a leer este poemario sentí cierto vértigo... Me había comprometido con la autora a escribir el prólogo y por momentos me pareció lo más difícil del mundo. ¿Por qué? ¿Nunca has tenido la sensación de estar a punto de romper algo valioso, a punto de meter la pata considerablemente? Seguí leyendo con grandes pausas entre los poemas y el vértigo desapareció poco a poco, para dar paso al orgullo de sentirme afortunado por participar en un proyecto tan personal y distinto.

Ahora, tras releerlo varias veces, puedo asegurarte lector que asistes al nacimiento de una poeta brillante y muy especial. Lucía es precoz en la escritura aunque goza de una madurez de alma primigenia. Sus versos configuran un mapa emocional y emocionante, de alta intensidad. No evita expresar lo que siente y acierta en la combinación de claves y modelos. Soñadora, vital, sensual y sincera. Lucía abre el quicio de cualquier atavismo primitivo y ninguna estilos, ritmo e incluso rima. Ella es ruptura y consuelo, amorosamente feroz, insidiosamente dulce.

Comencé a leer sus primeros poemas a escondidas- ahora puedo reconocerlo, Susana-, sin que la pequeña autora lo supiera. Supe entonces que asistía, privilegiado, al nacimiento artístico de un alma inadaptada y madura. Ahora eres tú, lector, quien descubre la voz que intuí mágica y poderosa. Lucía Rodríguez escribe para vivir, como necesita el aire que respira. Verás que sí. Verás cómo vuela tu cabeza entre poema y poema, con la misma libertad que ella sintió al escribirlo, con la misma verdad que exudan los poros de su piel.

César Cid
23/01/25

"Tengo el corazón tan roto
que cuando bailo suenan cristales"

Sara Búho, La ataraxia del corazón.

No data

Solo soy costra infectada
que rascas un poco
y sangra negro.

Solo soy nombre
con espacios blancos
entre sus letras,
renglones torcidos
con tachones y tinta desgastada.

No pidas a un poeta
que reprima su péndola.
Cada estrofa contiene tu nombre,
oculto en metáforas
y palabras despuntadas.

No reescribas mi historia
ni arranques mis páginas
porque cada capítulo
está tatuado en mi piel,
recordándome un pasado
que no me enorgullece
y un presente que arrastro
por obcecación.

Escribo para salvarme
y muchas otras veces
para destruir más aún
mi reparo.

Me enfrento al folio en blanco
para transformarlo en poesía,
o como muchos otros lo llaman;

        mi confesionario.

Am_r de verano

He revivido tantas veces
aquellos de días de verano
que parecen capítulos sueltos
más que la propia realidad del pasado.

No queda rastro
de lo que fuimos
más que las fotos y los mensajes
que veo y releo
para asegurarme
de que fuiste real.

Parece que nunca existió
aquel nosotros
que tanto miedo te daba nombrar
y que se quedó contenido en mis labios.

Fuiste el primero
que me hizo sentir algo
parecido a las cosquillas,
y aunque el amor
no esté entre estos versos
sí lo está la inocencia,
aquella que te cedí con ternura
y corrompiste
por mezquindad.

Me quedo con
el olor a tabaco,
los atardeceres en agosto,
los viajes en tren
y algún que otro solista
que al escucharle
ya no me recuerda a ti.

¿Recuerdas la pulsera que te hice?
La mía se ha deshilachado y creo que lo poco
que nos mantenía atados también.

Intensidad

Siento ser esta alma insaciable
que asalta y se lleva tu respirar
dejándote con la palabra en la boca.

No sé sentir de otra manera
que no sea amando con rabia,
consumiendo hasta tu voz,
asaltando tu piel
y dejando en ella
tatuajes sin tinta.

Soy ciclón
en un cielo despejado,
la calma después de la catástrofe,
pero también soy la hecatombe,
la marea que agita,
el cielo que observa.

Mi impulsividad
acompasa tus pasos
y te guían al lodo
hasta cubrirte por el cuello,
entonces te das cuenta
de que no hay marcha atrás.

Mi intensidad
te cala los sentidos,
impregnándote de mi extracto
hasta arrancar de cuajo
tu sosiego.

Tiempo

Quiero pedirle al reloj
que se pare justo
cuando los rayos del sol
nos dejen ciegos.

Cuando nuestra mente
esté tan en blanco
que no se vean apenas
las marcas de deterioro.

Quiero pedir al tiempo
que se dilate
hasta hacernos eternos
en un instante.

Ignorar que el "ahora"
contigo es fugaz
y aun así vivirte
como el último atardecer.

Soy

Soy caos en un cuerpo demasiado pequeño
para todo el torbellino de emociones
que mantengo cautivo.

Soy aquellos ojos inocentes
que apartan la mirada
cuando me sonríes de esa forma.

Soy veneno que consumes diariamente
y que sin darte cuenta te intoxica de mi esencia.

Soy escritora de poemas rotos
que hablan de incertidumbre
cuando percibo el cielo gris.

Soy rareza en forma de carcajadas
que ama los atardeceres
y la calidez de tus labios.

Soy estrofas de canciones
que cantas a todo pulmón
con la ventanilla bajada
del coche.

Soy la luna llena
en noches de invierno.

Soy aquel corazón roto
que va reconstruyéndose
tras demasiada tinta derramada.

Quiero hablarte de amor

Quiero hablarte de amor,
ese amor que llega
y se hace un hueco en el pecho
que sólo él es capaz de henchir.
Ese amor único,
                       irremplazable,

                                    imperecedero.

Quiero hablarte de amar,
esa sensación que te cala
y te inunda de plenitud.
Esa acepción que manifiesta
el sentido de la vida,
de la conciencia,
pero solo con él;
mi amor.

Él es mi significado de *amor*.
Me hace temblar de placer y desfachatez
porque amar implica dolor,
implica pertenencia aunque no sea mío,
implica que nadie más me colme
porque solo él sabe llegar a esa parte de mí.

                Solo él me conoce en las sombras
             y solo él sabe hacer crecer flores en ellas.

Tinta de sangre

Escribo para convertir mis lágrimas en tinta de pluma,
porque pensarte resulta demasiado violento,

punzante.

Cansada del paso inevitable de los segundos,
de los minutos,
de los años.
De ver mis uñas crecer
y desgarrarme el alma con ellas.
De cargar con estas ojeras abotargadas
que soportan el insomnio
de todas las noches en las que te evoco.
De mirarme al espejo
y reflejarme en estas pupilas sin brillo
que desembocan la silenciosa oscuridad
que hay tras esta piel con costras arrancadas,
con heridas abiertas.

Soy poeta de estrofas que lloran sangre
pero que lees en forma de lindeza.
Soy testigo de los susurros de la mente,
aquellos que me hacen ver el mundo
tras un filtro en blanco y negro.

Me aferro a esos instantes
que me permite disfrutar tu mirada
porque es lo único que produce calidez
a este corazón escarchado;

mi mejor poesía.

¿Cuántos poemas más he de escribirte
para que desaparezcas de ellos?

Sangrar mi pesar

Rascarme la piel
hasta arrancármela,
hasta sangrar toda esta ansiedad
que me pudre por dentro.

Esta manía de sentirme insuficiente
ante tus ojos y ante mi reflejo,
de cubrir las infecciones
para que no veas más
que esta palidez frágil
que se rompe
con palabras punzantes.

Por buscar tu mirada
y al no encontrarla,
provocar la de otros ojos curiosos.
Por esta intensidad fugaz
que te entrega todo
y se lo lleva poco a poco.

Contigo he aprendido
que amar es perfecto,

                    pero nosotros no somos más
              que el conjunto de muchas torpezas.

Puede que el amor no esté hecho para nosotros,
         o puede que no esté hecho para mí.

Amar(me)

Quiéreme libre
que entre cuerdas me acabo desatando.

Quiéreme sereno pero vehemente,
en sonrisas,
llantos y confesiones.

Quiéreme entre versos
y fóllame sin amarme.

Quiéreme lo justo para dejarme ir sin desgarros.
Lo justo y necesario
para no ahogarte entre mentiras y pupilas dilatadas.

Ámame sin ser tuya
pero permíteme *ser* a tu lado.

Permíteme quererte en silencio
y hacerte el amor a gritos.

Prométeme elevarme alto,
tan alto que mis demonios se vean insignificantes.
Te prometo entonces calarte con mi esencia,
aunque soy los restos explosivos de un terreno árido
por lo que has de tener cuidado en dónde indagas.

Rutina

El tiempo oxida las venas
hasta que la sangre
deja de llegar al corazón.

La rutina diluye mis ganas
de sentirte
y provoca discusiones
de cualquier simpleza
que reclama a gritos
nuestro "*antes*".

Antes éramos diferentes,
pero utilizamos el "cambio"
para desentendernos
de nuestro "*ahora*".

Ahora nos hastía incluso
la amargura del café por las mañanas.
Nuestro tacto es frío
incluso tras la taza caliente.

Nuestros miedos del principio
han salido de debajo de la cama,
pero ni siquiera nos atemorizan
porque ya es demasiado tarde.

Desamparo

Amarnos hasta rabiarnos
y ser incapaz de desampararnos,
porque cariño,
eso somos tú y yo,
           impulsos que siempre
           nos llevan al mismo sitio.

Amar es dejar ir
cuando el dolor gana al querer.
Pero por ti me desgarraría la piel,
me desmembraría y cosería,
sangraría hasta disecar mis venas
con tal de sentir tu cuerpo,

                tu olor,
               tus labios,
              tu voz
          una vez más.

Somos una batalla constante
de reproches y recelo.
Una contienda donde
todas nuestras lanzas
han ido directas al pecho.

Dejarte ir,
mi contrición.
Quedarme a tu lado,
tu extravío.

Permíteme sangrar tu perfume
antes de intoxicarme en tu aroma.

3:33

Sobrepensé durante horas
hasta que las voces de mi cabeza
pasaron de gritos a susurros.

Hasta que mis ojos cerrados
surtieron efecto
y las punzadas del estómago
dolían menos.

Las preguntas sin respuesta
que rondan entre sábanas
y que decido siempre
dejarlas para el día siguiente.

El insomnio en forma de miedo,
el miedo en forma de soledad,
la soledad en forma de espejo.

                              No veo mi reflejo,
                  solo la oscuridad de la noche.

Da igual cuántos azucarillos le eche al café,
sigue estando igual de amargo.

Ahora que no estás

Estoy en el camino medio
entre tu mirada y el infierno,
viéndote arder de amor y rabia,
de resentimiento y ansia.

Entre recuerdos que deslumbran
tras un foco de inseguridades,
viéndome romper en pedazos aquel "nosotros"
que un día prometimos irrompible.

De pintar de rojo todas aquellas caricias,
besos,
rastros que dejaban amor a su paso
y que ahora parecen ser migajas.

De los suspiros más largos y silenciosos.

De tu mirada de desconcierto,
de decepción;
desconocida.

Ahora dudas de mis *te quiero*,
de todas las miradas que me adueñaban de tus labios.
Sabes con certeza que nunca he sido del todo tuya,
pero no puedo evitar ser egoísta.

Tu silencio,
tu ausencia me pellizca las entrañas,
empaña mis pestañas
y no me permite mirar más allá de tu piel desnuda.

Devuélveme el corazón
para dejar de sentirme tan muerta.
Devuélveme los restos que te quedaste de mí,
ahora me siento incompleta,
vacía.

No encuentro mi pulso,
gasté el cupo de latidos contigo.

Ya no

Ya no te miraré a los ojos
ni tú volverás a verme con los mismos.
Ya no habrá un mañana,
tan solo un ayer que me persigue.
Ya no sabrás quién soy
porque nuestro daño me hará irreconocible.
Ya no habrá más besos que me despierten,
solo noches sin que amanezca.

No sabré de tu devenir,
de si me extrañas como yo lo hago
o si alguien solapa mi recuerdo,
por ello me olvidaré de aquellos instantes
que prometí sellar en mi memoria.

Ya no será ni seremos.
Nos quedaremos inmortalizados
en los recuerdos que creíamos infinitos,
aquellos que nos hacen ser
quienes somos
y quienes seremos
en un futuro desdibujado,

                                    como la tinta
                          que traspasa el papel.

Hacías de mis manías un hábito y nunca un problema
¿Qué debo considerarte, costumbre u obsesión?

Desde el precipicio

Caigo y no me levanto,
sino que me hundo más en la desolación.
Recorres el abismo de mi abatimiento
y te ríes desde arriba,
inalcanzable.

Ya no noto remordimiento en tu mirada,
tan sólo indiferencia.
Tiras piedras para advertir cuánta profundidad hay,
pero nunca atiendes el impacto.

Ya no soy quien era contigo.
No soy aquella *Lucía*
de antes
ni durante ti,
solo soy lo remanente
de lo poco que no me recuerda a ti.

                    Soy los resquicios,
              el polvo al rascar el pecho.

Aquella niña que radicaba en mi recóndito
ya no se asoma,
solo se esconde detrás de ti;
la he perdido por siempre.

Su vulnerabilidad se ve más despojada
que nunca,
pero tan solo puedo contenerla.

Su caos es demasiado demoledor,
                              lacerante.

Hasta que la ciudad despierte

Las marcas de mis uñas
arañando tu espalda,
el rastro frío de tus besos
por mi abdomen,
más allá del ombligo,
la piel erizada.
Tus manos sujetando las mías,
agarrando mi cintura,
dejando rojeces por su paso.

Decir tu nombre,
gritarlo.
Sentirte tan dentro
que no diferencie
tu placer del mío.
Alcanzar mi punto ciego favorito,
lamer tu cuello
para luego clavarme en tu boca.

Quiero que me beses,
que me muerdas,
que me hagas tuya
a base de devorarme con esa mirada
que recorre mis caderas.

Jugar contigo hasta llevarte al límite,
hasta acariciar el orgasmo.
Tantear quién tiene el control
y que me lo arrebates
en cuanto no aguantes tanto deleite.

Dejar huellas de ropa por el suelo
que guíen a gemidos ahogados
en gozo.
Agarrarte del cuello,
de la nuca,
obligarte a mirar mi gesto.

Dejémonos de cordialidades.
No entendemos
de persianas bajadas
ni de suavidad
más que la de las sábanas
que acaban húmedas.

No voy a hacerte el amor.
Pienso follarte
hasta que la ciudad despierte.

Aquella que perdí por siempre

*"Soy coraza que mantiene presa
una niña que grita tu nombre."*

Nunca imaginé
que echaría de menos
una versión de mí misma
que se marchó de tu mano.

Que al reflejarme en otros ojos
y no encontrarme
te buscaría en los recovecos
de latidos ajenos,
y que al no encontrarte
me alejaría más de mí misma.

Ya no tengo rumbo
porque no tengo cielo al que volar,
solo lluvia que cala mis alas
y me dejan atrapada
en la inmensidad del desierto.

No sé ser libre
sin tus cuerdas de seda.
Ahora mi caos
me tiene esposada
al silencio de las noches,

a la necesidad de ruido.

Oasis

No sabía a qué aferrarme
para dejar de escuchar este silencio
estridente en las madrugadas.

Acabé abrazando al vacío
y me fui desintegrando paulatinamente.

Busqué en el suelo los pocos pedazos
de piel que se fundían con la arena,
pero se me escapaba entre los dedos.

El mejunje de cuerpo y alma
derrochado en tanto amor
que lo acabé perdiendo por siempre.

Después de ti,
no pude evitar pensar
en un antes contigo.
En todo lo que fuimos
y nunca seremos.

Y claro que de amor nadie muere,

pero si voy a vivir a medias
prefiero morir contigo.

Fíjate si se nota tu ausencia
que la gata ronronea dormida sobre tu camiseta.

Ven, pero ven ya

Ven y bésame
hasta compensar todos los besos no dados,
ya no recuerdo el sabor de tus labios.
Quítame el polvo o sella tus dedos en ellos,
pero contempla que estoy tal cual te marchaste.

Me dijeron que el tiempo cicatriza
pero cada día se rasga más la herida.
No sé si estoy infecta de culpa
o si solo sé tentar al golpe
cuanto más me apego al rastro de tus caricias.

Pero aquí sigo,
en *stand by*,
estancada en la esperanza
de que vuelvas a mirarme
con los mismos ojos que el primer "te amo".

Manteniendo a flote el motivo de mi peso,
esperando a que regreses
aunque hayas arrojado al mar
las llaves de esta puerta.

Pero mis cenizas no me reconstruyen,
tan solo se dejan llevar por el viento
hasta esparcirse por tu ropa,
por tu pelo.

Hasta estar tan clavada en tu inconsciente
que siempre me mantengas viva.

Despedida(s)

Últimamente no hago más que despedirme
y ya no sé si es que le doy demasiada importancia
a mi impotencia
o si estoy en mi derecho de sentirme tan cansada.
Solo sé que no debería de estar aquí,
que no corresponde tu lugar a mi lado.

Me confundes con palabras de sosiego
que soplan más el torbellino de zozobra
que me carcome el estómago.
            Y ya no sé si la que aguanta eres tú o soy yo
            porque ningún perdón es del todo sincero.

No me puedo permitir abrir heridas
que todavía siguen infectadas,
aunque sea tu imprudencia o mi alteración
la que nos desangra.
Me niego a regresar a pensamientos
que estaban ya sepultados
y que contigo resucitan entre los susurros de mi cabeza.

            Así que cierra con llave al salir,
            porque a mí no me quedan fuerzas
            para volver a puertas entornadas.

El arte de lo inoportuno

Soy experta en el arte de lo inoportuno.
He de tener el marcapasos roto
y por ello siempre dejo
lo importante a destiempo.

Solo con decirte
que sueño de día
y despierto tu recuerdo de noche,
que chapoteo el agua
cuando debería de estar tumbada sobre la arena
y paseo por la orilla descalza
cuando hay inundaciones.

Profesional de lo imprevisto;
de hablar con las pestañas
y mirar con la nuca.
De rendir culto al mendigo
y mirar por encima del hombro
a Afrodita.

Te empecé a querer antes de lo previsto
y aún no he dejado de hacerlo,
a pesar de que sean tiempos
de borrón y cuenta nueva.

Te aparté a empujones de mi vida
cuando más necesitaba un abrazo
y te pedí que volvieras
cuando tú ya habías bajado
en otra estación muy lejana
a estos carriles.

Soy más de empezar el libro
por la última página
para reafirmar que siempre todo expira
y nunca nadie permanece
para segundas partes.

No soy de sagas,
soy más de
lo poco gusta y lo mucho cansa
sin terminar de echar raíces fuertes
que son desgajadas con la mínima brisa.

Voy contracorriente,
pero tú eres río
y yo ya no sé si soy piedra,
precipicio
o laguna donde se quedaron estancados
todos los pétalos arrancados de
no me quiere.

And I don't want the world to see me
'Cause I don't think that they'd understand
When everything's made to be broken
I just want you to know who I am

Y no quiero que el mundo me vea
Porque no creo que lo entiendan
Cuando todo está hecho para romperse
Solo quiero que sepas quién soy

Iris, Goo Goo Dolls

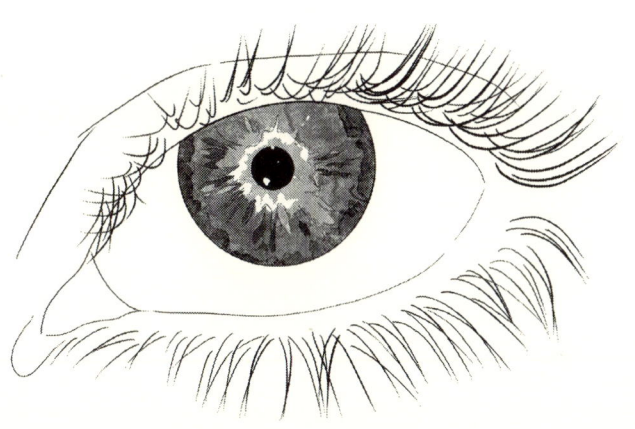

Regresar

Miro la luna para sentir tu mano cogiendo la mía,
para sentirte un poco más cerca
y no tan lejos como a las estrellas.
Alzo la mano y me acaricia la brisa de verano,
la única piel que me permite tocarte.

Y es que no puedo evitar llorar
con los primeros acordes de *Iris*
cuando irrumpen mis cascos,
o con aquellos pequeños gestos
que ya no son del todo míos.

Nos hemos despedido tantas veces
dejando siempre la puerta tornada,
esa pequeña apertura que acaba abierta
de par en par de un portazo.

Las astillas se me clavan
en la yema de los dedos
y acabo sangrando tus lágrimas,
                              mi culpa.

Pero siempre vuelvo,
vuelves;
volvemos y nos acercamos para que no duela tanto,
lo suficiente para evitar quemaduras
sobre pieles ya magulladas.

Hablamos en lenguas que solo tú y yo entendemos,
sin tan siquiera separar los labios.
Volvemos a ese punto de no retorno
donde nos da vértigo la caída
que hemos experimentado tantas veces
pero que nunca terminamos de impactar.

                    Tan solo caemos por el mismo acantilado
                    del que pretendemos regresar a la cima.

¿Dónde estás?
Debes de haber muerto porque no te encuentro
por ninguna parte al mirarte a los ojos.

Soledades

Nunca echo azúcar al café,
pero hoy eché dos sobres.
Me quemé los labios al probarlo,
pero estas ojeras necesitan
el consuelo de una taza.

El insomnio que produce tu recuerdo.
La punzada inminente
como un filo de metal
atravesando mi pecho lentamente.

Tu ausencia se transforma en vacío.
El pitido del silencio que
me hace respirar entrecortada,
la ansiedad acumulada en las entrañas.

Te tengo a escasos centímetros
pero no alcanzo a tocarte.
No siento la calidez de tus brazos
ni el caramelo de tus labios.

La luna,
tuya y mía;
nuestra.

Miedo a su lejanía intocable,
a que deje de tener significado.

A que desaparezca de tus noches,
a que prefieras contar las estrellas.

Quién soy

La arena se tiñe de rojo.
Se diluye en la templanza del sonido de las olas
hasta desaparecer por completo,
como si el sosiego del mar
borrara las huellas de tanto sufrimiento.
La marea lo arrastra y difumina,
y solo la brisa es testigo de dicha omisión.

Tanto dolor no cabe en mi pecho
y solo puedo desahogarlo en lágrimas saladas
que recorren mi mejilla y la manchan de sangre.

Tirito de rabia,
de ansia,
de gritar en silencio
que necesito compañía entre esta soledad
que me aprieta el pecho.

Y mis lágrimas caen y siguen cayendo
hasta nublar mis ojos,
mi juicio,
hasta calar mi ropa y mis sentidos de tanta fragilidad.

Me miro las manos y están jaspeadas de culpa,
de pesadumbre,
y cuanto más froto más se expande.

No soy más que caos y desorden
que consumen mis huesos,

una niña asustada
que mantiene los ojos abiertos como platos
porque teme la densa oscuridad de la noche,
lo que hay más allá de su mano tendida.

Entonces me abrazo para sentirme,
me acurruco y me escolto con suaves caricias
que me recuerden que aún existo.

Ya no sé quién soy,
el espejo no me devuelve el reflejo.

Ni quiero
ni puedo olvidarte

Después de todo quisiste olvidarme,
y acabaste desconociéndome.

Sin ti, sin mi

"Y buscando cada noche
otro cuerpo de mujer
Y el silencio en tantos brazos
Decía adiós en un papel"

Cada noche- Marea

No puedo evitar verte en cada paisaje,
en cada canción,
en cada puto rincón de mi cuarto,
y es que estoy harta de fiarme de la serenidad
para luego encontrarme ahogada en recuerdos
cuando la soledad me traiciona.

De no permitirme amar
porque revoloteas en cada gesto,
en cada caricia,
en cada palabra de labios ajenos.

Te veo en él
y escuece tanto
que ansío arrancarme la memoria
con cualquier cosa
que me inhiba de tu imagen.

Me quemo por dentro.
Ardo de frío en promesas
y meses vacíos
donde nada me alienta.
Y todo es mucho más pesado
entre la oscura madrugada
y el silencio en otros brazos.

Estos labios no me saben a nada,
tan solo me distraen de esta inmensa desolación que
                              no me permite suspirar
                    sin ahogarme en bocanadas de aire.

fechas marcadas

Se me hace raro, ¿sabes?
Esto de que nieve fuera
y dentro de esta casa
que es extraño llamar hogar
porque no hay hoguera
en la que calentar mis manos
desde que el viento la extinguió.

Viento que se llevó tus señales,
que ya no agita dentro.
Ni siquiera siento el frío,
tan solo hay eco
donde retumba un silencio
que tanto miedo me da escuchar
por si se cuela tu voz.

Se me hace tan raro...
Ya sabes,
esperar un mensaje que diga
"Espero que estés bien,
sé que estas fechas son complicadas para ti",
o simplemente
"Feliz Navidad, Lucía"
aunque sepas que no son *felices*
ni mucho menos *Navidades*
porque ya no hay magia
desde que no me evidencias que existe.

Y joder...
Qué raro será
cuando pregunte tu familia por mí
y no sepas cuál sonrisa fingir
tras un silencio incómodo.
Una respuesta escueta
de que estoy bien,

                                                       pero qué sabrás.

Cuando tragues saliva
para ahogar la angustia
y me recuerdes allí,
disfrutando del privilegio
de experimentar
lo que siempre he carecido;
un padre cuya mirada rebosa orgullo
y una familia que irradia calidez.

Pues sí,
es raro,
diría tirante
distraer el calendario con cualquier minucia
que me inhiba de la angustia
de las fechas marcadas.
De hacer homenaje
a todas esas personas que no están
ya sea por desabrigo
o por contundencia.

Qué raro sabe el chocolate caliente
cuando el único bullicio que hay en esta casa
es el tintineo de la cuchara
al chocar con la taza.

Los únicos restos que quedan vivos
son nuestras iniciales en un árbol
de un parque cualquiera.

Después del paréntesis

No sé qué hacer en este instante
en el que confundo el fin con la prolongación.
Me pregunto cuántas abatidas más he de resistir
para el alto al fuego.
             No quiero acostumbrarme a tus disculpas,
                  me hacen desconfiar de tus labios.

Pones a prueba mis límites,
Los pisas y eludes en nombre del resarcimiento.
Me culpas de tu egoísmo
haciéndome cómplice de tus pecados,
me exiges celeridad
cuando lo único que necesito es receso,
reprochas mi frialdad
cuando ni siquiera te siento cerca.

Maldito electrocardiograma
que me hace rabiar tu nombre
y estimar tus besos.
Regreso a esa sensación de insuficiencia,
de mediocridad ante tus ojos,

                  de desconfiar de tu palabra
          al haber cavado la tumba de su propio valor.

Hay más peces en el mar

Tengo la constante necesidad
de escribirte,
de llamarte,
de ir corriendo a tu casa
y esperar a que bajes.

Pero ni te escribo,
ni te llamo,
ni te espero en el arcén de tu casa
porque ya lo he hecho
muchas otras veces
y sigues sin devolverme la palabra.

Igual debería de hacerle caso a mi madre
y dejar de buscar las migajas
que dejas por el camino.
Debería escuchar a mis amigas,
las que tantas veces me han visto
suspirar por ti,
y pensar que el mar está repleto de peces.

Pero no quiero conocer otras formas de amor
que no sea tu mano cogiendo la mía.

No quiero escuchar otros *te quiero*
más que los que salgan de tu boca
porque son los únicos
que sonrojan mis mejillas.

No quiero perderme en otros ojos
que no sea en el marrón de los tuyos
porque no me importa vagar por tus laberintos
aunque implique quedarme ciega
de tanto apego.

No quiero memorizar otros lunares
que no sean los que conforman tu desnudez.

No quiero que otros ojos miren la mía
y la toquen,
solo tú sabes recorrer mi piel
sin sumirte en el caos que hay tras ella.

                        No quiero pronunciar otro nombre
                              que no sea el tuyo.
                           Ya lo he hecho tan mío
                           que cuando te llaman
                           soy yo la que responde,
y es que mi nombre solo me gusta
en la melodía de tu voz,

pero llevo tanto sin escucharlo
que detesto hasta tus partes favoritas de mí.

Te escribo cartas que nunca leerás
y las sello con mi alma
para que solo el diablo pueda acceder a ellas.

Cartas con el diablo

No derramaré más tinta
para dejar de escribirte poemas coagulados.
Me clavaré si es necesario
la pluma en las venas
para depurar lo podrido.

Te escribo cartas que nunca leerás
y las sello con mi alma
para que solo el diablo pueda acceder a ellas.

Escribo para que mi corazón
siga latiendo,
pero a su vez me lo estraga.

Te digo que te quiero
(aunque sea a destiempo)
con la desnudez de mi prosa
y la osadía de una persona
porque no me avergüenza mi pasión,
ni mucho menos mi sensibilidad.

Te pienso intentando olvidarte.
Repaso cada una de las primeras veces
pero por más que me esfuerzo
no consigo recordar las últimas.

Me martiriza
porque el cerebro desecha
lo que no es importante
y para mí significas más
que la distancia entre las estrellas
que puntean la noche.

Le cedí mi pluma al diablo
y ahora lloro la sangre de mis venas,
color azul.

Así que no,
no pienso escribir sobre amor
porque estaría condenándolo al fracaso

una vez más.

Las mariposas de mi estómago
deben de estar muertas,
hace mucho que no las siento revolotear.

No te acerques si no quieres cortarte

Te aferras a la idea
de un futuro en blanco
tendido con pinzas
que se escurre con la brisa,
en un pasado resumido
en el desastre tras la dana.

Lo siento,
pero no me queda más amor que dar,
tan siquiera el propio.
No puedo ofrecerte más que mi piel,
es lo único que queda de mí;
                                    cáscara.

Preguntas por mi mirada perdida
a altas horas de la madrugada.
Una mirada que no te pertenece
ni pertenecerá
por mucho que la busques
y se eclipse al chocarse con la tuya.

Y siento si te cortas con cristales
al acercarte tanto a mí,
pero no soy más que un espejo roto,
un rostro sin mirada
que se empaña en las sombras de un duelo
que llevo combatiendo desde hace tanto
que ya no lo distingo del propio.

No sé qué quieres de mí,
pero no me esperes.

No esperes que cambie
mi sonrisa triste
ni mis ojos cristal
al hablar de él.

No esperes que te mire
como cuando atisbo la luna
y le encuentro.

> No esperes palabras ni promesas,
> las he roto todas.

No me busques si sabes que duele
con lo que vas a encontrarte.

No te acerques tanto a mí,
soy dinamita en un campo
por el que caminas.

Mi cielo gris

Sé que éste no es mi hogar,
que cuanto más dejo pasar el tiempo
más me lleno de polvo,
pero déjame acurrucarme en estas sábanas
aunque estén frías,
evitar que mi ropa se cale más
que de mis lágrimas,
            abrazar un pecho que no late
            pero que me acerca a tu recuerdo.

Me quedaré un poquito más,
hasta que la lluvia deje de ahogarme,
hasta que no me desprenda de mi cuerpo por cada paso.
Cuando encuentre todos los trozos que me faltan
y pueda coserlos sin ayuda de tus besos,
lamer mis heridas
y dejar de darle la espalda a esta ansiedad
que se arraiga al estómago.

                    Solo entonces,
        cuando deje de evitar el sonido de la lluvia
                bailaré bajo ella descalza.

Los trazos de tu ausencia

He hecho todo y más
para olvidarte,
para desenterrarte
de debajo de mi piel.

He borrado tu huella dactilar
a base de arrancarme a parches la piel
y esparcirla por otras tantas,
y ahora cuando me toco
no me siento,
como si mi cuerpo
hubiese dejado de ser mío.

¿Y sabes qué es lo curioso?

Debes de estar cohesionado a mis huesos
y por eso da igual que sangre,
despelleje o vacíe;

sigues siendo intruso
de mis pensamientos.

Por si te lo preguntas,
sigo llevando las botas militares de cuero,
mis tres anillos de acero
con uñas negras mal pintadas,
el eyeliner poco discreto,
un collar que me regalaste
y tu foto en mi cartera;
                no habré cambiado tanto.

                    Pero qué caro me ha salido
                    esto de intentar olvidarte
enamorándome del dolor que causan
             los trazos de tu ausencia.

Debo confundir tus besos con mis versos
y por eso el cosquilleo de la pluma.

Piti en boca

He de confesar
que me dejas embelesada
cuando enciendes un cigarro
(y eso que odio el olor a tabaco).

Ver cómo se consume
al igual que yo contigo
cuando me cuelas entre tus labios
o tus manos por debajo de mi ropa.

Me extasía cómo frunces el ceño
y das esa primera calada
que me deshace entre tu humo
y mis jadeos.

Que me líes con o sin papeles
porque por mí puedes tirarlos todos.

Que me enrolles o te enrolles conmigo,
no hace falta que sea uniforme.

Que quites el filtro
porque he dejado de ver el mundo
en escala de grises,
                    ni las noches son ya tan negras.

Que me prendas
y conviertas en chispas
hasta encender mi llama

                              y luego fumes mi aroma
                                     hasta lo amargo,
                          hasta quemarte los dedos.

Kintsugi

Coges de mi mano y tiras de ella
como si supieras a dónde vamos,
como si aún orientaras el rumbo,
como si no mirar atrás hiciera desaparecer
los demonios que aún nos persiguen.

Hay noches en las que sueño
que sigues durmiendo conmigo.
Que nunca dejaste de abrazar mi cintura,
que nunca dejamos que nuestro descuido
nos sumiera en el rencor,
que nunca dejé que mis fisuras
acabaran provocando las tuyas,

que nunca me rendí,
que nunca te rendiste,

que nunca besé otros labios
sabiendo que los tuyos sabían salados.
que nunca me viste bajar de aquel coche,

que nunca subí a ese coche.

Pero el problema está
cuando me despierto a la madrugada
y caigo en la inercia
alterada en un socavón
que hay en mi pecho.
Tú no lo causaste
mi amor,
                    yo ya estaba en ruinas
          antes incluso de empezar a construirme.

Me has hecho odiar todo aquello que amaba,
pero no es tu culpa,
es la mía por dejarte calar
de oro mis grietas,
por dejarte ser ese oro
que ahora yace cohesionado en mí,
incapaz de salir de los recovecos más lóbregos,

                    por pensar que podrías hacer bellos
                    los fragmentos que aún me faltan.

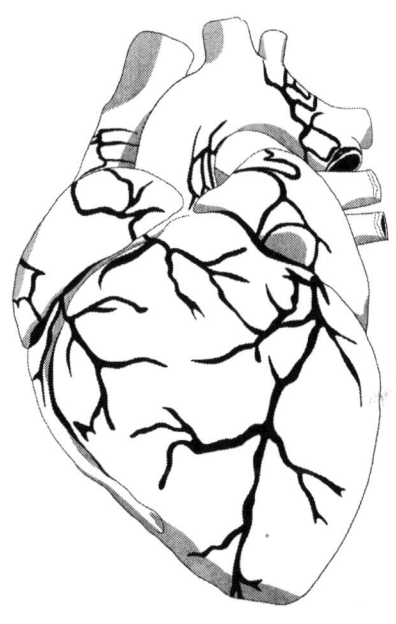

De amor nadie muere

"Tranquila niña, de amor nadie muere"
pero te sume en una permanencia inerte
donde el corazón se esfuerza por seguir bombeando,
donde mi mera existencia aborta su rumbo
porque sin ti a mi lado ya no sé quién soy,

                        ni recuerdo quién era.

De amor nadie muere, *¿pero por amor?*
Por amor he apostado por lo desconocido,
he confeccionado un lugar en mi pecho
que ahora yace sombrío,
eternamente afligido.

He jugado con mi propia honra
para mendigar tu anhelo,
encubierto los cortes
que tú mismo me causaste
para convencerte(me)
de que nada se deterioraba

                   por cada súplica,
                  por cada llanto,

                          por mi insuficiencia.

Y no,
de amor nadie muere
porque el tiempo te empuja hacia delante
aunque te recule para impedir el avance,
pero no por ello soy más valiente.
Mi debilidad se ve expresada
en la estampida de alusión
que me fustiga por mis errores.

> Sigo viva,
> aunque una parte de mí
> haya muerto contigo.

Te arriesgaste a perderme
y ahora solo sabrás de mí
si le prestas atención al viento.

Ojos verdes

Mírame.
Mírame a los ojos
y vuélveme a decir que no los quieres,
ni que volverás a quererlos.
Que ya no necesitas volver a verlos,
que sin ellos los tuyos irradian evaporados.

Díselo.
Díselo a los mismos ojos que besabas,
los mismos que brillaban de amor al mirarte.
Aquellos que se clavaban en los tuyos
entre placer y deleite.

Cómplices,
tuyos,
solo tuyos.

Aquellos ojos quebradizos
que se volvían más verdosos
contigo,
solo contigo.

Te quiero.
Te quiero a mi lado,
ni lejos ni demasiado cerca
porque me hielas o me acabas quemando.
Entre quimera y delirio,
entre suciedad y barro,
entre tanto dolor que soportan nuestras manos.

Te quiero conmigo
y no sin mí.
Quiero vivir en vida
y dejar de morir en ella
porque desde que te fuiste
mi alma partió contigo.

Quiero que busques encontrarme,
que escuches mis gritos
aunque me haya quedado sin voz
de tanto llamarte.

Mírame.
Mírame a los ojos
y vuelve a clavar los dedos en ellos.

Ya estoy ciega y rota,
tan solo te ruego que dejen de ser grises.

Mi sentencia

Me convertiré en todo aquello que odias.
Seré y haré lo necesario
para que me repudies más aún si cabe.
Me encargaré de que rabies mi nombre,
de que te duela incluso mi olor al pisar la calle,
de que el susurro del viento te alcance.
Que la ira te hierva en las entrañas,
te arañe y te despelleje como hace conmigo.

Te odiaré y repudiaré para dejar de amarte,
para olvidarte.
Me arrancaré cada día
todas las costras que me provocaste
para reconocer las cicatrices por el resto de mi vida.
Te sacaré a la fuerza de mi cabeza,
porque contigo en ella
me siento deshabitada.

Deja de persistir,
de clavarte en mi memoria.
Desaparece ya de mi designio
porque esta obsesión me está extinguiendo las entrañas,
y ya no me quedan dedos que arrancarme
ni labios que morderme.

Esta ansiedad se enraíza al estómago
y me mantiene en vela por las noches,
recordándome que no merezco más que tu desprecio.

Qué raro se me hace esto
de esperar a alguien
que ya ni siquiera existe.

¿Qué nos pasó?

¿Que qué nos pasó?

Que te caíste
Y no volviste a levantarte.

Te caíste
y me salió solo tenderte mi mano,
pero entonces desconfié de tus tambaleos,
de tu mano buscando coger la mía,
de si me hundirías contigo
o si tus disculpas eran sinceras.

Después desconfié de mis palmas
y sus líneas,
de la poca fuerza de mis brazos,
de mi piel magullada
con la forma de tus dedos,
de que tal vez no podría con tu peso
y el mío.

Te caíste
y no volviste a levantarte,
mi amor.

Te caíste de un altar
y acabaste en el lodo
impregnado de mentiras.

Te caíste y no pude levantarte.
Te levantaste y volviste a tropezarte.
Te caíste y al segundo tropiezo
caí yo también contigo.

Me caí y no me levantaste,
me dejaste tirada en el suelo.
Te aupé desde el lodo
pero tú te fuiste,
y nunca más volviste.

Lo que pasó
es que tú te caíste
y yo no volví a levantarme.

Te fuiste

Ahora sí, te fuiste.
Te fuiste tras jugar con mi tiempo,
con los espacios,
con las innumerables despedidas.

Te fuiste y me dejaste a solas con tu miedo,
tu cobardía,
pues siempre has pensado que tu palabra es inmutable,
pero no haces más que escupir resentimiento
al no aguantar tu propia negligencia.

Me quedé sola luchando por los dos,
aunque nuestro daño me acabó consumiendo.
Te fuiste dando la espalda a tanto estropicio en tan poco,
respaldándote en el nombre de la traición,
lamentándote de ti mismo,
lanzándome tu culpa y escudándote en el victimismo.

Ya no te reconozco,
solo veo lo que siempre he evitado;
                    sumido en el consuelo del odio.

Te llamo cobarde porque no te has atrevido
a enfrentar nuestro perjuicio,
dejando que me consuma nuestra culpa.

                    Pero tú,
        por jugar con los límites hasta casi rebosarlos,
                me echaste en cara mi coraje.

San Valentín

Cupido alzó su flecha
y se la clavó en el pecho.
Cayó desde el cielo,
aferrándose a la calidez de las nubes
hasta acabar desangrándose en el frío arcén
de una calle cualquiera.

Cupido reparó en que sus flechas
no se adhieren lo suficiente.
Que los *te amo* y los *para siempre*
terminan diluyéndose en el aire,
como si su significado
no fuese más que elocuencia.

Cupido perdió la fe
cuando vio que todo el amor repartido
acababa desperdiciándose.

Que los ancianos casados
desde la juventud
no estaban enamorados,
tan solo acostumbrados.

Que los primeros amores
nunca eran los últimos.
No existía
el romanticismo,
más bien se condenaba.

Cupido vio como su propia existencia
se veía cuestionada
tras tantos cuerpos desnudos
que sudaban placer en escarcha.

Como ya no se hacía el amor,
porque no había amor;
se había olvidado en cualquier esquina.

Cupido fue sentenciado
a morir en el olvido
de cualquier rosa marchita.

No fuiste más que un intento
de salvarme a mí misma.

Otra despedida más

Qué idiota por mi parte
pensar que mantener
el motivo de mi marcha
justificaría mi elección.

Cuánto me ha costado
desprenderme de un sabor de boca insípido
que seguía alimentando
para autoconvencerme de que en el fondo
sabía a algo.

Éste será el único poema que te dedique.
Al fin y al cabo
solo escribo sobre el amor y sus desdichos
y tú solo formas parte
de mi embrollo.

Sabía que llegaría a su fin porque
necesitaba coser mi fragilidad
aunque fuese con imperdibles
para enfrentarme a otra despedida:
el desprendimiento
de esa parte de mí misma
que titilaba débil,

tan solo por llenar algún hueco
de los muchos que tengo entre latido y pecho.

Y forzamos algo
que sabíamos que no tenía un fin
más que el fin mismo.
Dejamos pasar el tiempo
evitando abrigarnos de aquel frío
del que nunca hablamos,
disimulando los silencios
con piel sobre piel.

Y sí,
me arrepiento de haberte conocido
en un momento de mi vida
en el que siquiera yo me reconocía.

Maldigo haber tenido
la casualidad de elegirte
y renunciar a aquello que me permitía
identificarme como nunca antes
en el reflejo de cualquier vidrio.

CALENDARIO

19 Jun
Cumple D. ♥

19 Oct
Aniversario !!

8 Nov
Mis 19 cumpleaños

Para qué voy a soplar las velas
si siempre deseo lo mismo
y nunca regresas.

Las cenizas del fénix

Me vi envuelta en llamas hasta arder de amor,
pero en vez de recomponerme como un ave fénix
mis cenizas se dejaron llevar por el viento.

Acabé colándome entre tus sábanas,
justo cuando te estabas quedando dormido,
y abriste los ojos de golpe al recordarme entre ellas.

También me posé en tus auriculares
mientras escuchabas canciones que suenan a mis besos,
al igual que en todas y cada una de tus camisetas
aunque ya no huelan a mí.

No me ves,
pero estoy en todos sitios,
incluso cuando miras el cielo y divisas la luna.

Estoy presente en rostros que ves pasar por la calle
y que confundes conmigo,
en cada poro de pieles desconocidas,
en ojos verdes y cabellos rubios.

Me buscas y a la vez me evitas
porque sabías que iba a doler,

                                        pero no tanto.

Es punzante porque me adhiero incluso a tus lágrimas,
a tu vulnerabilidad.

Ya no te permito vivir más
que una versión contaminada de tu rutina
impregnada de mi recuerdo,
del remordimiento,
del fracaso.

Amamos con las manos

Yo creo
que con la boca besamos,
con los ojos deseamos
y con las manos amamos.

Si, con las manos
te arranco los besos
te araño la espalda
perfilo tus curvas
recojo tus lágrimas
seco las mías
te sujeto con fuerza para que no te vayas
y tú me apartas.

Con las manos escribo
mensajes que nunca te envío,
poemas que ya no lees
y luego me las mancho de burdeos,
de sangre por tanto arrancarme los padrastros,
el pelo,
las costras,
pero nunca los recuerdos.
        Es curioso porque los recuerdos
        no salpican pero duelen más
        que cualquiera de mis cortes.

Con las manos enciendo un mechero
y dejo el dedo en la flama
porque últimamente nada
se siente lo suficiente.
Al parecer arder en llamas
no quema tanto,

                 o tal vez lleve demasiados incendios
                 que nunca terminan de chamuscarme.

Con las manos
recojo tus cosas
y con las mismas te las devuelvo temblorosas.

Con las manos
me aprietas contra tu pecho,
             el único superviviente que late de los dos.

Cuando volví, tú ya no estabas

Cuando me fui
me buscaste
y cuando volví
ya no estabas.

En lo que yo me iba
tú me requerías
y cuando me di la vuelta
me encontré con la afasia.

Cuando yo huía
tú intentaste rescatarnos
y cuando atendí tu llamada
no conseguimos ampararnos,
ya era tarde para salvavidas.

Y no sé
de qué más formas decirte
que me fui por miedo
y regresé por amor,
que resististe por fe
y te rendiste por perjurio.

Que yo me fui
mucho antes de echar a correr
pero nunca por ti,
vida mía,
fuiste un daño colateral.

Marché tan lejos
que hoy en día
sigo sin encontrar el camino de vuelta
hacia este cuerpo que me enfunde,
ni siquiera es del todo mío.

Estoy tan rota
que el espejo confunde mis grietas
con las suyas,
aquellas que desde que no las besas
están más cuarteadas,
como el deterioro
de una escultura de piedra,

solo que en mí
no crecen flores ni musgo.

Cuando hui
me buscaste
y cuando regresé

tú ya no estabas.

No confesaré
que eres el amor de mi vida
porque ahora que no estás en ella
la estaría condenando a la misera.

Moon

La luna se asoma tímida
desde la ventana
mientras confieso a la noche
que ya no puedo mirarla,
que su luz irradia
y yo siempre he sido más de sombras.

La paradoja está en que
antes nos escapábamos a su cumbre
y ahora la divisamos inalcanzable.
Por eso yo siempre he sido más de hipérboles,
de catástrofe;
dramaturga,
                         y así es como te convertí en metáfora.

Le dimos un significado a la luna
haciendo al mundo entero
testigo de nuestro amor.
Ahora el cielo llora
y las estrellas titilan,
incluso la tierra está más mustia
desde que no compasamos sonrisas.

Agacho la cabeza frente al cielo
porque ni el sol es capaz de solaparla,

         y eso que soy amante de los atardeceres.

La costumbre de tenerte

Estoy tan acostumbrada a ti
que cuando te haces daño
me salen moretones en los nudillos,
que cuando lloras son mis lágrimas
las que se escurren por tus mejillas,
que cuando besas otros labios
me los muerdo hasta que sepan a sangre.

Fíjate si estoy acostumbrada a ti
que la única serenidad que me invade
es cuando sonríes y mis músculos destensan.

Me autodestruyo para ver
si en ti punza un atisbo de mi sufrimiento,
para que esta vez sí pienses en mí
cuando llegues a casa.

Tengo tantos nudos dentro
que me he acostumbrado
a esto de no respirar,

        enredarme entre hilos rojos
        que se desataron de tu meñique.

Estoy tan acostumbrada a ti
que cuanto más te alejas
más se aprieta la brida
que hay en mi corazón,
aunque en mi desesperación
hayas encontrado el punto de apoyo
para saltar el muro.

Qué raro se me hace esto
de rozar otras pieles,
es como si no lo hiciera,
como si la teoría de "Nada toca Nada"
fuera cierta y nunca las llegara a rozar.

Por ello éramos extraordinarios, cariño,
                    ni la física era capaz de someternos.

Mi musa

Pasé de cuidar la vajilla
a romper todos los platos
que había en ella.

Nunca he entendido de puntos medios,
por eso te amé con rabia,
te dañé con sarna
y me dolió hasta el punto
de acariciar la muerte con las manos.

No sé de escalas de grises,
solo del negro que hay en la oscuridad
de este cuarto
y de ese blanco particular
que tu luz irradia.

No sé sentir a medias,
ni un poco
ni lo justo.

Sólo sé desbordar cada vaso que lleno,
confundir el lienzo con las paredes,
resistir siempre un poco más
de lo que mi cuerpo aguanta,
no saber retirarme a tiempo,
no darme por vencida
hasta tocar fondo,
seguir reservándote un asiento a mi lado
aunque éste coja polvo.

¿Pero qué sería de mí
si no contuviese los extremos de mi conciencia
entre mayúsculas y puntos finales?

Soy marea revuelta
en tiempos tranquilos,
así que no me busques sumisa,
mi amor,

al final del día
tú eres mi musa.

No te culpo por tu marcha.
Yo también lo haría
si mi cuerpo no estuviera unido
a esta mente que extenúa.

Lo sé, lo noto

No hace falta que me digas
que estoy más flaca,
más pálida de lo habitual,
más consumida,

ya lo sé.

Sé que se me ha oscurecido el pelo
al igual que la mirada
y que ahora luce matizada.

Que callo más
y río menos,
que estoy más guapa
o tal vez,
más cambiada,
que me entretengo de más
con los puntos muertos del gotelé,
que estoy más ausente,
distraída.

Y sí,
ya sé que salgo más
y paso menos por casa,
que bebo de más
y las copas sobrantes
destaponan mi morriña.

Que mis amigas
están cansadas de alentarme
cuando la noche me alcanza
y tu rostro se vuelve más nítido,
a diferencia de las farolas.

No me han enseñado
a confiar en el anclaje,
a que no siempre se miente
y a que no siempre hay segundas caras
cuando alguien dice quererme.
Yo formé historias en mi cabeza
que sonaban mucho más creíbles
que el hecho de que alguien pudiera,
simplemente,

                                        amarme.

Y ya, ya sé
que se me marcan más las ojeras
al igual que las costillas.
Que me maquillo más que antes
y escondo mi sonrisa al sonreír,
                        no vaya a ser que entre risas y miradas
                        se me escape alguna lágrima culposa.

Ya sé que estoy más fría
a pesar de sumergirme en baladas,
que doy besos de más
y siento de menos,
                        que enseño mi cuerpo más veces
                de las que me han hecho sentir a gusto con él.

No como la primera vez

Claro que volveré a enamorarme,
pero nunca más hasta perderme.
Me devolverán el daño que he causado
y puede que vuelva a hacerlo,
pero no como aquella vez.

Claro que un día
dejará de doler.
Te veré con otro alguien
y ya no picará la garganta
ni me traicionará el pulso.
Me verás con otro alguien
y sonreirás,
hazme caso.

Un día nos cruzaremos por la calle
y nos saludaremos como dos conocidos
que fingen desconocerse.
Seguiremos nuestros caminos contrapuestos,
                sin desvíos,
            sin darnos la vuelta.

Y si, dejaré de apegarme a la espera.
Una mañana despertaré
y no serás el primer pensamiento
ni el sueño antecedente.

                        Me olvidaré de recordarte
                        en cada una de tus señas.

Es triste ver cómo el paso del tiempo
sacude el polvo del pasado
que ya no forma parte del presente,
y eso que prometimos ser eternos en esta vida.
            Debimos haber hablado de reencarnaciones,
                    nuestro amor está incrustado,
                            atemporal.

Claro que volveré a enamorarme,
pero nunca más como la primera vez,
nunca más aunque volviese a amarte,
                    nunca más.

Por sí algún día vuelves

Quiero que sepas
que si algún día vuelves
no quiero que vuelvas tú,
quiero que vuelva aquel chico
que conocí un septiembre cualquiera.

Que si te da por irrumpir mi vida
quiero que asaltes mis fortalezas,
que derrumbes todos los ladrillos
porque si no eché la llave
ni apliqué cemento
fue por algo,
                    al fin y al cabo tú estás detrás
                    de todos mis *por si acaso*.

Que si regresas
da igual el lugar o el tiempo entremedias,
ya perdimos todas las ocasiones
y aprendido por desidia
que nunca es el momento oportuno
para diferentes husos horarios.

Que si me pides que vuelva,
yo vuelvo,
ya sabes dónde encontrarme.

Que si vuelves, mi vida,
haré como que nunca te marchaste.

Soy la única que te mantiene vivo,
como una llama débil que no calienta ni alumbra
pero hace el amago de apagarse,
dejando entrever un incendio extinto.

Sobre quemaduras

Te estoy olvidando
a base de agotarme.

He dado tan de sí tu nombre
que está perdiendo fuerza cuando golpea.

Ya no hay ningún recuerdo
que me sorprenda cuando ataca
porque los tengo todos tan repasados
que los he borrado
a base de desgastarlos.

Me harto a pensarte
porque un dolor tan punzante
dura poco,
o eso me han dicho siempre,
pero yo ya he recorrido todas las estaciones
con agujas entre las costillas
y lo que no entiendo
es por qué aún no consigo sacármelas.

Podría,
pero en ellas
pretendo tocar fondo
y después seguir escarbando
hasta llegar a quién sabe dónde,
pero donde nadie pueda ya alcanzarme.

Así que sí,
te estoy olvidando recordándote
y los recuerdos
ya no pican tanto.

Recuerda que sobre quemaduras
se pierde sensibilidad.

Verdades a medias

No soy de las que se enamoran
fácil ni rápido,
pero sí de las que llevan el pecho al descubierto
ante cualquier flechazo.

Le he cogido el tranquillo
a esto de dejar el corazón
guardado en un cajón donde
aún conservo el tuyo
justo antes de salir de casa,
creo que por eso
las flechas me atraviesan
pero no llegan a adherirse.

Besar sin querer
pero nunca queriendo,
sin el *"te quiero"*
en mis labios
porque se lo devolví
junto a todas sus sudaderas
y algún que otro *"lo siento"*.

No miento,
digo las verdades a medias
porque alguna de sus mitades
me resulta insoportable
de decir en alto.

Debió llevarse mi voz también.
Mis súplicas no las escucha nadie
ni las llamadas de auxilio
que ya parecen formar parte
de mis saludos.

Podría haberme robado las noches de paso;
                    últimamente son eternas.

El uno para el otro

No, no es que no fuéramos
el uno para el otro,
lo éramos todo el uno con el otro.

Puede que yo no fuera para ti
o tú para mí
o puede que no fuéramos entonces
ni ahora.
          Me sigo negando a pensar en un nunca.

                              Puede que entonces tú sí
                                          y yo no
                                    ahora yo sí
                              y tú ni en sueños.

Puede que esté tan absorta
en quienes fuimos
y ya no somos ni seremos
que me he olvidado de quién soy
de quién fui
y de qué forma recordarme.

Puede que mañana sea
o eso me digo siempre
aunque no creo
porque tú me hablaste de años
y yo llevo la cuenta de los segundos.

Te espero

Te espero
con cafés matutinos,
en el silencio de la madrugada
observando desde la terraza
nuestro banco,
                    nunca nadie se sienta.

Te espero
en paseos nocturnos
reproduciendo nuestra *playlist*,
en el cielo estrellado
y el brillo de la luna.
En tu calle,
aunque nunca la llegue a cruzar
y no me pille de paso.

Te espero
en la pantalla encendida del móvil,
en notificaciones que nunca llegan
que siempre escribo
y nunca envío.
En llamadas de números desconocidos
porque sí,
borré tu contacto.

                    Te espero
                    en otro alguien,
              en la misma almohada,
                con los pies fríos
              y el pecho aún caliente.

Te espero
en las casualidades,
en los encuentros,
en la quietud
de las hojas perenne,
en la esperanza
entre ceja y ceja.

Te espero a ti,
niño,
aunque sepa
que no piensas en volver por aquí.

Perdida en un laberinto de recuerdos
que nunca acaban

Lo intento

Lo intento.
Lo intento.

Le digo a mi corazón que no se salga del pecho
cuando te veo de lejos,
a mis ojos que dejen de repasarte,
que dejen de provocar los tuyos.

Le digo a mis manos que dejen de sudar
cuando te acercas tanto,
a mi piel que no se erice
con el aire que levantas
al pasar al lado.

Le digo a mi lengua
que deje de humedecerme los labios
recordando el sabor de los tuyos.
A mis piernas que no se dirijan a ti,
a mi voz que deje de hablarte.

No le hables.
No le mires.
No le toques.

Lo intento.

Me tiembla el pulso
los latidos crujen mis costillas
mi tono cambia
tartamudeo
tu olor me coloca
me mareo
y es de mirarte tanto
de perderme entre los lunares de tu brazo
tus clavículas
el perfil de tu nariz
de buscar tu risa,
                            antes no costaba tanto.

                                                    Lo intento.
                                                    Lo intento.

Dime ahora

Dime ahora cómo leo
sino es el morse que conforman tus lunares.

Dime ahora cómo respiro
sino es el aroma de tus camisetas
al ponérmelas desnuda.

      Dime ahora cómo levantar la vista del suelo
          si estoy tan ciega de ti
        que el espejo no me devuelve el reflejo.

Dime ahora cómo besar otros labios
si los míos están cosidos
con alambres oxidados,
con *"hasta prontos"* que no alcanzo.

Dime ahora cómo parpadeo
sin que sea bajo la sombra de tus pestañas.

Dime ahora cómo escribo
sin que la tinta se expanda entre lágrimas,
sin que los versos se inunden salados,
sin que la mina dilate mi rabia.

Dime ahora cómo decir *"te amo"*
si no recuerdo cómo se pronunciaba
en otro lenguaje que no sea el nuestro.

Dime ahora cómo llenar este vacío
que se expande en suspiros,
en soledad,
          en el silencio de aquellos rincones
            donde no llega la luz.

So, if you love me, let me go
And run away before I know
My heart is just too dark to care
I can't destroy what isn't there

Entonces, si me amas, déjame ir
Y huye antes de que me dé cuenta
Mi corazón es demasiado oscuro para importarme
No puedo destruir lo que no está ahí

Snuff-Slipknot

The End

Así acabamos,
mi amor.

Ya no hay más
ni lo habrá
por mucho que me ponga en evidencia
conservando un amor
que arrugaste y desechaste
en el momento en que te pudo más
el miedo que la pasión.

Te digo adiós
confundiendo tu sombra conmigo misma,
esperando a morir entre tus pestañas
para así,
de alguna forma,
ser inmortal en tu retina.

Por fin puedo decir que no queda nada.
Nada de lo que fuimos,
de quien fuiste,
de quien fui.
De un "nosotros" que por mucho que intentara salvar
se quedó sosegado en un pasado
que aún me sigue pareciendo un sueño.

Y es que algo tan bueno
no puede durar para siempre,
ya me he encargado yo de frotar el palo
hasta prenderlo,

de que veas lo peor de mí
porque yo ya pasé a modo supervivencia.

Y por mucho que pretenda
estancar esta historia por la mitad,
el marcapáginas no me libra del tiempo.
He de aceptar que tú y yo tenemos un desenlace
aunque la moraleja no sea
"el amor lo puede todo"
que yo deseaba.

Que por mucho que tense y estire el nudo
no implica un desenlace distinto,
nuestra tragedia ya estaba escrita.

Se acabó luchar una guerra
donde solo estoy yo,
lanzando flechas a mi cuerpo,
buscando la culpa debajo de las piedras
para ver si apareces y tirártelas
hasta que alguna te atraviese.

Dejaré de aferrarme a tus espacios,
a tus paréntesis,
a tus futuros,
y aceptaré que no hay segundas partes
para alguien que recela al amor
y para otro alguien que apuesta por él.

Te suelto,
cariño.

Te dejo libre,
volar,

enamorarte de alguien
que no le de tanta vuelta
a esto de saber quedarse
cuando la felicidad asoma.

Me despido de ti,
de mí sin ti.

Hasta siempre.

Agradecimientos

Éstos últimos años han sido un cúmulo de experiencias, tanto maravillosas como duras en sí mismas. He aprendido desde muy temprana edad, y te aseguro que no por libre elección, a despedirme de personas clave de mi vida que no hacían resplandecer esa sonrisa mía tan característica. He tenido que decir adiós a un padre que nunca supo serlo, a una amiga de toda la vida, de esas que se consideran hermanas de sangre. He sufrido una enfermedad mental que ha condicionado el curso de mi vida académica y que hoy en día tengo bajo control, retomada. He tenido la suerte de saber lo que es amar y que te amen. He vivido, como bien diría mi madre, la historia de amor por excelencia, de esas que solo se encuentran en los libros, aquellas que no todo el mundo tiene la suerte de experimentar a lo largo de su vida. He saboteado la única relación que me ha hecho vivir la etapa más feliz y completa de mi vida. He hecho daño a la única persona de la que he estado enamorada por miedo, cobardía, inmadurez. A mi amor, mi amante, mi mejor amigo, mi vida.

Me gustaría, en primer lugar, darle las gracias a César Cid. Es la persona que vio en mí ese algo en la escritura que merecía la pena ser leído por otros. Aquel que ha sido testigo de la evolución de mis escritos desde que empecé, y que por casualidades de la vida tuve la suerte de conocer en persona y explotar esta oportunidad que me brindó. Gracias a él, este poemario ha llegado a las manos correctas para poder ser publicado. Quiero destacar la admiración y respeto que siento hacia su talento y la maravillosa persona que irradia ser.

Agradecer también a los editores que han hecho posible que este sueño se haga realidad. Aquellos que me han cedido la libertad absoluta para que este libro tenga mi marca de personalidad, y poder mostrarle al lector esa parte de mí tan íntima y sincera. Gracias a ellos, puedo ceder ese pedacito de mí al mundo del que poder cobijarse.

Mamá, tengo tantas cosas que agradecerte que se va a quedar muy corto este párrafo. Decirte gracias, gracias por ser mi amiga. Por estar ahí siempre, en nuestros momentos cómicos que solo nos hace gracia a nosotras, y en los peores momentos de mi vida. Por luchar tú sola para protegerme cuando era niña, y por ser ese apoyo fundamental de adolescente. Sin ti, no sería quien soy ahora mismo. Gracias por tu sabiduría, por decir las cosas siempre en el momento oportuno, por esos consejos que siempre medito. Tú y yo juntas, siempre, imbatibles.

No puede faltar mencionar a Carol, Yaiza y Lola. Gracias por aportarme tanta luz en mi vida. Por escuchar mis eternos podcasts una y otra vez, y siempre ceder un hombro en el que apoyarme en los peores momentos. Sin vosotras no hubiese llegado donde estoy hoy en día. Gracias por haberme ayudado tanto y por permitirme tener el privilegio de aprender de personas como vosotras. Os quiero y admiro, chicas.

Juanje, además de mi psicólogo, un padre para mí. Gracias por haberme cedido las herramientas necesarias para poder labrar poco a poco éste camino llamado vida, y por habérmela salvado.

Por último y no menos importante, gracias a ti. No diré tu nombre porque está escrito en cada una de las páginas de este libro, incluso en las que están en blanco. Gracias por ser ese ángel que apareció en mi vida cuando menos lo buscaba. Por haberme hecho brillar como nunca, por haberme amado y abrazado el alma hasta el último momento. Por ser mi "efecto Miguel Ángel". Eres mi fuente de inspiración, mi musa.